ДІАГРАМА ІСІКАВИ ДЛЯ УПРАВЛІННЯ РИЗИКАМИ

Передбачати та вирішувати проблеми всередині бізнесу

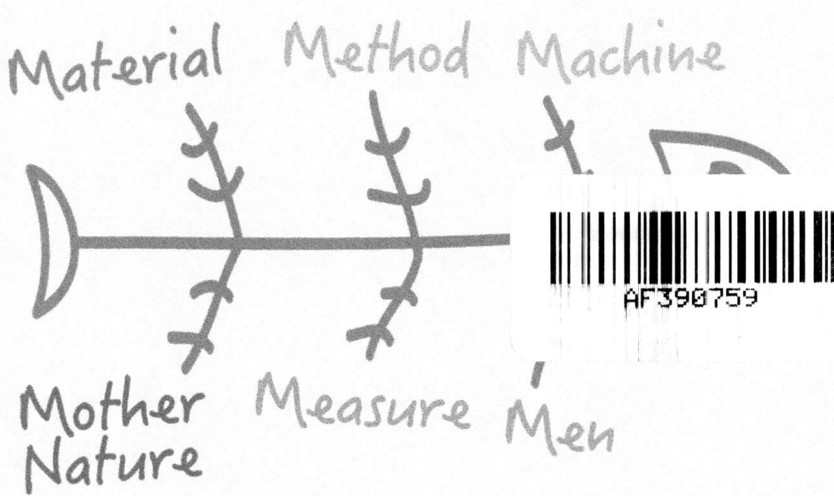

ДІАГРАМА ІСІКАВИ ДЛЯ УПРАВЛІННЯ РИЗИКАМИ

Передбачати та вирішувати проблеми всередині бізнесу

написаний Ariane de Saeger
перекладено Yaroslav Melnik

50MINUTES.com

ДІАГРАМА ІСІКАВИ ДЛЯ УПРАВЛІННЯ РИЗИКАМИ

КЛЮЧОВА ІНФОРМАЦІЯ

- **Назви:** Діаграма Ісікави, діаграма риб'ячої кістки, ялинка, причинно-наслідкова діаграма, Фісікава, 5 панів.

- **Застосування:** Діаграма Ісікави визначає причини та наслідки проблеми. Вона також може бути використана як аналітичний інструмент в управлінні проектами (особливо в управлінні ризиками) та контролі якості.

- **Чому він є успішним?** Цей інструмент не дає користувачам випустити з уваги деякі причини проблеми та надає необхідні елементи для вивчення потенційних рішень. Ця діаграма вважається інструментом управління якістю.

- **Ключові слова:**

  - <u>Підхід</u>: метод; спосіб міркування.

  - <u>Мозковий штурм</u> – оригінальний метод дослідження, заснований на вільних асоціаціях, що висуваються всіма членами групи.

  - <u>Причина</u>: підстава для чого-небудь; те, що викликає або відповідає за це.

  - <u>Ефект</u>: результат або наслідок.

- Частка ринку: відсоток продажів компанії по відношенню до загального обсягу продажів у секторі.

- Проблема — питання або питання, яке може бути предметом дискусії і потребує вирішення.

- Рішення: відповідь на проблему або питання.

ВСТУП

Історія

Діаграма Ісікави була винайдена Каору Ісікавою (1915-1989), японським професором та інженером-хіміком Токійського університету. Відомий експерт і піонер у галузі теорій управління якістю, він вперше використав цю діаграму в 1943 році, намагаючись пояснити групі інженерів сталеливарної компанії, як зрозуміти проблему на основі загального аналізу — якомога вичерпнішого — складних факторів.

Визначення моделі

Діаграма Ісікави — це графічний інструмент, що використовується бізнесом, який пропонує огляд причин та наслідків проблеми. Шляхом ранжування причин можна точно визначити джерела проблеми.

ТЕОРІЯ

Хоча діаграма Ісікави в основному використовується в бізнесі як інструмент управління якістю або проектами, вона також особливо добре піддається управлінню ризиками. Дійсно, діаграма дозволяє не тільки вирішувати проблеми, але й передбачати їх. Наприклад, коли бізнес хоче реалізувати проект, він вивчає аспекти, які можуть виникнути, якщо проект не вдасться. Оцінюючи різні елементи, які можуть призвести до провалу проекту, компанія точно знає, на чому слід зосередити свою увагу, щоб запобігти виникненню проблеми.

МЕТА ДІАГРАМИ ІСІКАВИ

Метод Ісікави – це інструмент бізнес-планування, який має на меті забезпечити візуальний та структурований аналіз причин та наслідків конкретної проблеми.

ПРИПУЩЕННЯ

Модель Ісікави базується на двох припущеннях:

- існує обмежена кількість первинних та вторинних причин для кожної проблеми;

- Розрізнення цих двох типів причин є першим кроком до вирішення проблеми.

КОМПОНЕНТИ МОДЕЛІ

Професор Ісікава класифікує різні причини проблеми на п'ять груп, які називаються "5 пані".

- **Матеріали:** це стосується всього, що може бути спожито або використано проектом, наприклад, сировина, папір, вода, електроенергія тощо.

- **Метод:** сюди відносяться існуючі процедури, потік інформації, дослідження і розробки, режими роботи і т.д.

- **Природа:** відповідає навколишньому середовищу і контексту, які можуть мати вплив на проект (робоче місце, зелені насадження тощо).

- **Машина:** це стосується необхідного обладнання для реалізації проекту. Сюди входять, наприклад, приміщення, запасні частини, обладнання, апаратне забезпечення, програмне забезпечення, технології, машини або заводське обладнання. Ця категорія, як правило, вимагає інвестицій.

- **Трудові** ресурси: це стосується людських ресурсів, задіяних у проекті, та кваліфікації персоналу.

Кожна категорія може включати інші причини або категорії причин залежно від бажаного рівня деталізації.

З 5 МС ДО 7 АБО 8 МС

Хоча спочатку діаграма була обмежена до 5 мс, зараз дехто розширює її до 7 або 8 мс, залежно від ситуації. Сама мета залишається незмінною (тобто, як і раніше, вона дозволяє конкретно, всеохоплююче і вичерпно візуалізувати причини проблеми, на які слід звернути увагу як на пріоритетні) і, що найголовніше, дозволяє визначити найбільш ефективне рішення.

До початкових 5 факторів можна додати наступні:

- **Вимірювання:** це відповідає будь-чому, що може бути кількісно визначено для отримання результату;

- **Менеджмент:** це метод нагляду, стиль керівництва тощо;

- **Обслуговування:** бюджети, витрати, доходи і т.д., що неминуче вплине на всі інші сфери діяльності.

ПЕРЕВАГИ

Діаграма Ісікави має багато переваг, оскільки дозволяє користувачам:

- класифікувати всі причини виникнення проблеми;

- розбити відносно велику проблему;

- заохочувати всіх членів команди до участі в аналізі, і таким чином створювати динаміку управління проектом;

- запобігти упущенню причин, працюючи в групі;

- визначити сфери, які потребують подальшого дослідження, де іноді бракує інформації;

- проаналізувати проблему, незалежно від галузі чи сфери бізнесу, де вона виникла;

- надати елементи для розробки відповідного рішення проблеми;

- дають уявлення про причинно-наслідковий ланцюжок.

Цей тип інструменту участі пропонує відносно широке поле для бачення та роздумів, що дозволяє користувачам вийти за рамки надмірно спрощених спостережень при виникненні проблеми. Він розширює сферу можливих причин (потенційної) проблеми і, водночас, визначає рішення та втручання, які необхідно здійснити для запобігання або вирішення конкретної проблеми.

ОБМЕЖЕННЯ ТА ПРОДОВЖЕННЯ

ОБМЕЖЕННЯ ТА КРИТИКА

- Незважаючи на свої численні переваги, діаграма Ісікави не є особливо корисною для надзвичайно складних проблем, де причини численні, а проблеми взаємопов'язані. Однак, часто саме ці взаємозв'язки лежать в основі поточної або потенційної проблеми.

- Другим критичним зауваженням до моделі є ранжування причин. Воно здійснюється за досвідом робочої групи, коли не ґрунтується на статистичному аналізі проблеми, що виникла раніше. Тому таке ранжування може відрізнятися від групи до групи, залежно від їх суб'єктивних поглядів, і бути менш релевантним та вдалим, ніж суто статистичні дані.

Як правило, метод Ісікави доцільно використовувати в комплексі з іншим методом з метою забезпечення об'єктивності та релевантності аналізу.

СПОРІДНЕНІ МОДЕЛІ ТА РОЗШИРЕННЯ

Для розширення уявлень про одну й ту саму проблему можна використовувати кілька інструментів.

5 причин

Метод 5 Whys, вперше розроблений і впроваджений в японській автомобільній компанії Toyota, спрямований на дослідження першопричин виникнення проблеми.

Метод простий, але дуже ефективний: він полягає з тому, щоб п'ять разів поставити запитання "Чому?", щоб виявити справжнє джерело проблеми. Таким чином, після визначення поверхневої причини робоча група може шукати різні кореневі причини проблеми, ставлячи запитання "Чому?". Ці причини, як правило, з'являються після другого або третього опитування. У більшості випадків в основі проблеми лежать організаційні причини. Важливо не поспішати і ретельно розглянути різні рівні, щоб не пропустити ключові елементи. Цей метод багато в чому схожий на діаграму Ісікави.

Діаграма Парето

Ця діаграма, а точніше гістограма, є інструментом аналізу даних, який дозволяє користувачам візуалізувати виникнення проблем у відсотках у порядку спадання. Це робить пріоритетність більш зрозумілою, оскільки особа, яка приймає рішення, знає, на який елемент слід звернути увагу. Це базова система, яка полегшує візуалізацію масштабу проблеми.

Сітка ефективності

Сітка ефективності – це графік, який показує різні можливі рішення. У той час як інші інструменти розширюють поле для роздумів про походження проблеми, сітка ефективності дозволяє застосувати більш математичний підхід і порівнює як ефективність, так і вартість рішення. Після заповнення сітки користувач логічно вибере рішення, яке виявиться найбільш ефективним при найнижчих витратах (ефективність), одночасно враховуючи його доцільність. Якщо з тих чи інших причин команда не зупинить свій вибір на цьому рішенні, вона повинна буде обґрунтувати свій вибір, виклавши цілі, які були проранжовані і спеціально розглянуті для проекту.

По осі X відкладено витрати, а по осі Y — ефективність.

Потенційні рішення повинні бути включені в мережу на основі їх вартості та ефективності. Важливо пам'ятати про деякі основні ідеї щодо аналізу економічної ефективності:

- ефективність вимірюється єдиним заздалегідь визначеним результатом;

- загальна вартість кожного рішення повинна бути виміряна;

- це інструмент оцінки проекту або програми, де мета може бути зведена до єдиного результату;

- Цей аналіз може бути використаний до, під час та після реалізації проекту.

З урахуванням цих факторів стане зрозумілим найбільш вигідне рішення (найбільш ефективне за найменших витрат).

Метод CARRTDAF

Як і сітка ефективності, метод CARRTDAF більше зосереджений на пошуку рішень, ніж на причинах проблеми. Однак, він залишається цікавим і доповнюючим інструментом до діаграми Ісікави.

Успіх цього методу залежить від низки факторів, включаючи активну участь робочої групи та різноманітність професій і навичок її учасників. Процедура застосування цього інструменту є більш складною, ніж та, що необхідна для діаграми Ісікави та додаткових методів, описаних вище.

Висновок

Зрозуміло, що різні моделі пов'язані між собою і що аналіз проблеми, її причин та шляхів вирішення йдуть пліч-о-пліч. Безумовно, важко розглядати діаграму Ісікави як ізольований інструмент, оскільки аналіз причин не може відбуватися без ретельного аналізу проблеми та шляхів її вирішення. У будь-якому випадку, керівник є частиною безперервного процесу і використовує якомога більше методологічних інструментів для вирішення даної проблеми зі своєю робочою групою, поки не буде впевнений, що знайшов потенційні робочі рішення.

ПРАКТИЧНЕ ЗАСТОСУВАННЯ

ПОРАДИ ТА КРАЩІ ПРАКТИКИ

Етапи побудови діаграми

Діаграма Ісікави будується прогресивно шляхом поступового виконання різних етапів роботи, необхідних для відображення та складання корисного графічного представлення проблеми. Зокрема, користувачі повинні:

- **Чітко визначте проблему** і, як тільки це буде зроблено, намалюйте горизонтальну стрілку, що вказує на проблему, нещасний випадок або наслідок.

- **Скласти перелік можливих причин** (наприклад, шляхом мозкового штурму) та працювати з компетентними людьми та експертами у сфері проблеми.

- **Зберіть дані мозкового штурму**.

- **Розподіліть ідеї на групи (5-8 ММ),** але пам'ятайте, що не всі ММ обов'язково застосовуються до кожного сектору. Майте на увазі, що метод Ісікави повинен бути адаптований до теми, контексту та проблеми. Цей крок дозволяє намалювати другорядні стрілки, які повинні бути приєднані до основної горизонтальної стрілки. Кожна з цих стрілок представляє одну з груп потенційних причин.

- **Для кожної гілки шукайте першопричини проблеми,** які ще не були виявлені. Після цього кроку можна намалювати менші стрілки, що відповідають причинам різних груп.

- **Оцінити пріоритетні причини** та зважити кожну причину, щоб визначити найбільш важливі напрямки дій та ранжувати їх.

- Після того, як діаграма буде заповнена, оберіть **причини, на які необхідно вплинути,** залежно від пріоритетності, яку їм було надано. Потенційні причини та вторинні причини будуть розділені на дві групи.

- **Впровадження рішень та коригувальних дій.** Цей крок може відповідати етапу тестування або етапу впровадження рішення.

Таким чином, всі елементи зібрані, що дозволяє керівнику проекту візуалізувати "риб'ячі кістки" і організувати робочі групи в залежності від рішень, які будуть тестуватися. Для кожного М на діаграмі буде додана "кістка", як показано нижче.

Підводні камені, яких слід уникати

Складність діаграми Ісікави полягає не стільки в її поетапності, що насправді полегшує її побудову, скільки в нехтуванні певними ключовими елементами:

- **Важливість командної роботи.** Це лежить в основі всіх роздумів під час і після побудови діаграми. Насправді, без широкої рефлексії, команди з різноманітними навичками, групового менталітету або активної та динамічної колективної участі (пошук рішень, консенсусне узгодження пріоритетів тощо) причини проблеми не будуть ретельно проаналізовані, а найбільш очевидне рішення може бути не враховане.

- **Використання інструменту.** Хоча діаграма Ісікави вважається інструментом управління якістю, її не слід зводити лише до цієї мети. При підготовці проекту вона може бути використана для контекстного аналізу та/або для аналізу потенційних ризиків – аспекту, який зараз все частіше враховується в бізнесі. Крім того, було б неправильно розглядати його лише як інструмент для пошуку причин проблеми, оскільки він також може бути використаний для аналізу причин успіху.

- **Характер мозкового штурму.** Доцільно обмінюватися думками з усіма членами команди для розгляду всіх аспектів (причин і наслідків) проблеми, при цьому кожен може вільно висловлювати свою особисту думку з обговорюваного питання.

- **Повага до процесу**. Важливо поступово ранжувати причини, відповідно до їх важливості по відношенню до проблеми. Дійсно, діаграма Ісікави в основному базується на постановці запитань і висуненні взаємопов'язаних ідей щодо досліджуваної проблеми.

- **Ступінь його застосовності**. Хоча метод Ісікави спочатку призначався для інженерів і в цілому орієнтований на діловий світ, він також повинен бути застосовний до всіх секторів (державних і приватних), таких як лікарні. Тому його термінологія та фактори, що вивчаються за допомогою цього інструменту, повинні бути адаптовані до сектору, в якому застосовується аналіз.

Діаграма Ісікави обговорюється в багатьох довідкових виданнях, які надають різноманітні відповідні думки щодо належного застосування цього інструменту. Нижче наведені деякі з основних порад з літератури:

- **Будьте методичними.** Хоча діаграма Ісікави є дуже цікавим та ефективним інструментом, все ж таки важливо уникати зрізання кутів і шукати причини, а не рішення.

- **Будьте уважні.** Під час обговорення можуть бути виявлені нові причини. На цьому етапі мозкового штурму ніщо не повинно залишатися поза увагою, щоб заохотити творчість, відкритість і пропозиції від групи.

- **Будьте прискіпливими.** Якщо причин занадто багато і вони призводять до надто складної схеми, то краще будувати її гілка за гілкою.

- **Будьте прагматичними.** Важливо адаптувати термінологію цього інструменту до сектору, до якого він застосовується.

- **Будьте ретельними.** Діаграма не повинна обмежуватися лише негативними причинами, а й аналізувати позитивні причини.

- **Будьте точними.** Переконайтеся, що встановлені причини дійсно призводять до ефекту, який спостерігається на практиці.

ТЕМАТИЧНЕ ДОСЛІДЖЕННЯ

Діаграма Ісікави дозволяє легко, прямолінійно і структуровано проаналізувати проблему шляхом визначення її причин і наслідків. Візьмемо приклад супермаркету в Женеві, який стикається з дуже низьким рівнем задоволеності клієнтів, і припустимо, що:

- Супермаркет є відомим магазином, який має рівну частку ринку з іншими супермаркетами Женеви.

- Компанія прагне досягти щорічного рівня задоволеності клієнтів на рівні 80%.

- Відділ маркетингу вирішує провести дослідження задоволеності, щоб дізнатися про сприйняття послуг, які пропонуються клієнтам.

- Опитування є відносно коротким, з одним запитанням на тему, а саме "Чи задоволені Ви...?", на яке потрібно відповісти за шкалою задоволеності від 0 до 5 (де 0 — повна незадоволеність, а 5 — повна задоволеність). Теми включають якість роботи персоналу, якість продукції, інфраструктуру, розташування супермаркету тощо.

Слід зазначити, що більш детальне опитування щодо задоволеності могло б допомогти команді краще зрозуміти справжні причини загального незадоволення. Однак, оскільки клієнти, як правило, витрачають на це мало часу, дослідники часто вважають за краще пропонувати їм коротку анкету.

Проблема, з якою зіткнулися

Після опитування майже 500 покупців з десяти різних магазинів, підсумовування результатів виявило низький рівень задоволеності клієнтів: лише 20%.

Застосування моделі

Для того, щоб вжити конкретних заходів, команда маркетингу вирішує проаналізувати причини проблеми, перш ніж розробляти будь-яке рішення або навіть план дій.

Керівник відділу маркетингу хоче створити робочу групу, до складу якої увійшли б представники різних відділів з різними навичками та багаторічним досвідом роботи. Для цього вона зв'язується з кожним відділом (комунікацій, фінансів, продукту, логістики і т.д.) з метою отримання більш широкого уявлення про основні причини на етапі мозкового штурму. Після того, як члени групи відібрані, вона пояснює їм, що темою наступної робочої зустрічі буде визначення основних причин тривожних результатів опитування клієнтів: рівень задоволеності на рівні 20%, що далеко від початково встановленої річної мети у 80%. Таким чином, керівник може попросити учасників заздалегідь записати, що вони вважають причинами (первинними та вторинними) цієї проблеми.

- **Перша зустріч.** Під час першого мозкового штурму відбувається жваве обговорення та обмін ідеями. Керівник робочої групи надає перелік усіх виявлених причин відповідно до п'яти основних категорій причин, запропонованих Ісікавою: матеріал, метод, матінка-природа, машини та людські ресурси. Причини, пов'язані з бюджетним аспектом, тобто з фінансовими ресурсами, є значними в даному випадку, враховуючи бізнес-середовище. Наприклад, в умовах економічної кризи, якщо скорочується чисельність персоналу, якість послуг може бути нижчою, а отже, викликати зниження рівня задоволеності клієнтів. Внесок керівника групи залежить, звичайно, від динаміки групи, і він буде брати участь більше або менше в залежності від ситуації. У будь-якому випадку, він попросить учасників проранжувати виявлені причини в порядку пріоритетності, не оминаючи жодних ідей щодо походження проблеми, навіть якщо їх важко почути менеджеру.

- **Зробіть крок назад.** Після першого кроку завжди корисно дати учасникам можливість зробити крок назад, щоб вони могли повернутися до елементів, які раніше були пропущені під час першої сесії мозкового штурму. Тим часом, це дає керівнику час реорганізувати різні ідеї, висловлені групою, поставити нові запитання, розмістити обговорені причини на діаграмі та відстежити категорії причин, які залишилися без уваги. З цього моменту вони отримають загальну картину і більш чітке бачення, що дозволить їм чітко спрогнозувати пріоритетні причини, які потребують поглибленого аналізу.

- **Друга зустріч.** На цьому другому робочому засіданні слід підсумувати проблему та причини, щоб визначити основну причину (причини). Потім робоча група обміркує дії, які необхідно здійснити у відповідних департаментах для усунення першопричини (причин) проблеми незадоволеності.

Тепер ми можемо ще раз поглянути на проблему та потенційні причини, які обговорювалися групою:

- Матінка-природа: Магазин знаходиться далеко від центру.

- Матеріал: У магазині відсутній розділ, присвячений органічним продуктам.

- Метод: Не вистачає персоналу, що спричиняє черги на касі, негнучкий графік роботи магазину, неефективне телефонне обслуговування клієнтів.

- Автомат: Часто виникають проблеми при користуванні самокасами, проблеми з електронними касами тощо.

- Персонал: персонал грубий та/або некомпетентний, обслуговування клієнтів неефективне та/або відсутнє.

Фактори, що викликають незадоволеність клієнтів, настільки численні, що, можливо, було б корисно включити графу для пропозицій в кінці анкети, щоб дати можливість незадоволеним клієнтам вільно висловлювати свої зауваження.

Нарешті, якщо причина, визначена як пріоритетна, пов'язана з некомпетентністю персоналу (відсутність знань про товари, що пропонуються супермаркетом) і потребує швидкого та ефективного усунення, слід розглянути ефективні рішення. Це можуть бути тренінги, які чітко пояснюють різні продукти в асортименті, пропонованому брендом, або основи взаємовідносин між працівниками та клієнтами.

У період від шести місяців до одного року після внесення необхідних коректив керівництво повинно не забути перевірити результати, щоб підтвердити, що впроваджений план дій дійсно мав вплив. Для цього команда маркетингу може, серед іншого, провести нове опитування задоволеності.

Висновок

Управління якістю вирішення проблеми може здійснюватися просто, за умови, що підхід є структурованим і добре продуманим. У наведеному прикладі не можна сказати, що результат використання діаграми автоматично буде позитивним і що через рік клієнти будуть більш-менш задоволені. Дійсно, більш точно визначити причину допомогли б цифри з фінансового відділу (рівень задоволеності, показники продажів і т.д.). Якщо продажі та задоволеність клієнтів знизилися, легко зробити висновок, що якість продукції знизилася, а отже, необхідно звернути увагу на матеріали.

Інші пов'язані моделі, описані раніше, також можуть доповнити підхід Ісікави.

РЕЗЮМЕ

- Діаграма Ісікави — інструмент управління якістю, розроблений у 1940-х роках японським інженером Каору Ісікавою.

- Цей метод заохочує до структурованого аналізу проблеми шляхом виявлення її причин та наслідків.

- Кроки, які ведуть до вирішення проблеми:

  - пов'язувати причини з єдиним наслідком;

  - сортування причин за категоріями (5 або 8 Ms);

  - ранжування причин за ступенем важливості;

  - визначення пріоритетів;

  - реалізація найбільш прийнятного рішення.

- Це індивідуальний та колективний підхід (об'єднання ідей), де важливими аспектами є командна робота, мозковий штурм та побудова діаграми.

- Передбачається, що якість результату, отриманого з діаграми, залежить в основному від робочої групи (члени групи повинні доповнювати один одного за навичками, знаннями та досвідом).

- Існують й інші інструменти, подібні до діаграми Ісікави:

  - 5 причин;

  - діаграма Парето;

  - енергоефективності;

  - метод CARRTDAF.

- Ретельне та чітке відображення причин виникнення проблеми сприяє підвищенню ефективності інструменту.

- Рекомендації:

  - працювати методично, перераховуючи факти;

  - базувати свою роботу на точних і перевірених фактах;

  - не пропускати кроки і ретельно їх відпрацьовувати;

  - використовуйте додаткові інструменти для забезпечення ретельності та конструктивності вашого підходу.

ЧИТАТИ ДАЛІ

БІБЛІОГРАФІЯ

Agence Nationale pour la Promotion de l'Innovation et de la Recherche au Luxembourg (2008) *Diagramme d'Ishikawa = діаграма причинно-наслідкових зв'язків.* [Онлайн]. [Accessed 15 February 2017]. Режим доступу: <http://www.innovation.public.lu/fr/innover/gestion-innovation/resolution-probleme/diagrammeishikawa-fr.pdf>.

Європейська комісія (2014) *L'analyse coût-efficacité.* [Онлайн]. [Accessed 22 December 2014]. Режим доступу: <https://web.archive.org/web/20150421232210/http://ec.europa.eu/europeaid/evaluation/methodology/examples/too_cef_res_fr.pdf>.

Жиле-Гуанар, Ф. и Сеньо, Б. (2012) *Le grand livre du responsable qualité (Велика книга відповідальної якості).* Paris: Eyrolles.

Ishikawa, K. (1984) *La gestion de la qualité. Outils et applications pratiques.* Paris: Dunod.

Le Dico du Marketing. *Définition. Diagramme de cause à effet de Kaoru Ishikawa.* [Онлайн]. [Accessed 12 December 2014]. Режим доступу: <http://www.ledicodumarketing.fr/definitions/Diagramme-de-cause-a-effet-de-Kaoru-Ishikawa.html>.

Леху, Ж.-М. (2012) *L'encyclopédie du marketing.* Paris: Eyrolles.

Менеджер GO! (2013) *Коментар до використання діаграми Ісікави.* [Онлайн]. [Accessed 12 December 2014]. Available from: <http://www.manager-go.com/gestion-de-projet/dossiers-methodes/ishikawa-5m>.

Nachal, L. (2011) La construction d'un diagramme causes-effects. *InfoQualité*. [Онлайн]. [Accessed 12 December 2014]. Режим доступу: <http://www.infoqualite.fr/la-construction-dun-diagramme-causes-effets/>.

Поммерет, Б. (2013) *La boîte à outil de l'organisation*. Paris: Dunod.

ДОДАТКОВІ ДЖЕРЕЛА

Ісікава, К. (1985) *Що таке тотальний контроль якості? Японський шлях*. Пер. з англ. Лу, Д. Дж: Prentice Hall.

Ми хочемо почути вас!
Залишайте коментарі в онлайн-бібліотеці
та діліться улюбленими книгами в соціальних мережах!

Видавець забезпечує достовірність опублікованої інформації, за яку, однак, не несе відповідальності.

Майстер ISBN: 9782808601207
Паперовий ISBN: 9782808602655
Юридичний депозит: D/2022/12603/266

Цифровий дизайн: Primento,
цифровий партнер видавництва.

www.ingramcontent.com/pod-product-compliance
Lightning Source LLC
LaVergne TN
LVHW010259210726
843508LV00020B/2946